Claudia Haider

Kindergarten / Vorschule

Lernen mit Teo & Tia

Ich lerne

Lesen

Richtig auf die Schule vorbereiten!

G&G

Inhaltsverzeichnis

Silbenschwingen

Beim **Silbenschwingen** soll das Kind **folgenden Ablauf** berücksichtigen:
Die rechte Hand liegt an der linken Schulter. Nun schwingt der rechte Arm von dort bis unter den Nabel hoch zur rechten Seite bis in (etwa) Kinnhöhe. Die Handfläche zeigt nach vorne. Gleichzeitig wird die erste Silbe des Wortes gesprochen. In der Silbenpause bleibt die Schreibhand rechts oben. Die zweite Silbe beginnt wieder bei der linken Schulter …
Linkshänderinnen und Linkshänder nehmen die linke Hand.

Schulbuchnummer 195.664

Die Aufnahme in den Anhang zur Schulbuchliste für die unten angeführte Schulart, Klasse und den Unterrichtsgegenstand wurde vom Bundesministerium für Bildung, Wissenschaft und Forschung mit BMBWF-5.001/0049-Präs/14/2019 vom 2. Dezember 2019 empfohlen:
für die 1. Schulstufe an Volksschulen im Unterrichtsgegenstand Deutsch, Lesen, Schreiben

Ein extra Lese- und Schreibheft finden Sie als Download auf unserer Homepage www.ggverlag.at

Wichtige Arbeitshinweise für Eltern, Lehrerinnen und Lehrer, Pädagoginnen und Pädagogen, Therapeutinnen und Therapeuten

In diesem Buch finden Sie **kurze, vielfältige Übungen und Spiele,** die **optimal auf den Übertritt in die Schule vorbereiten** und **Aufmerksamkeit, logisches Denken** und **Ausdauer fördern**.

- Sorgen Sie beim Arbeiten mit dem Kind für eine **ruhige und entspannte Atmosphäre**!
- **Beginnen Sie** jedes Training **mit dem Spiel**, das Sie auf jeder Seite ganz unten finden! Tipp: Spielen Sie die angeführten Spiele und eigenen Versionen an mehreren Tagen, das stärkt und motiviert!
- **Lesen Sie** die Arbeitsanweisungen **vor** und **besprechen** Sie die Übung und die Bilder! Die Wörter und Lösungen finden Sie auf Seite 48. Lassen Sie das Kind **anschließend die Übung mit eigenen Worten erklären**!
- Lassen Sie das Kind möglichst **selbständig arbeiten** und unterbrechen Sie es nicht, wenn es konzentriert arbeitet!
- **Loben Sie** das Kind für die erbrachte Leistung! Besprechen Sie bei fehlerhaften Lösungen die Strategie des Kindes! Findet das Kind einen Fehler, darf es jederzeit selbst korrigieren.
- **Üben Sie kurz, aber regelmäßig** (5-mal pro Woche, jeweils 15 Minuten)!

In diesem Band geht es um die **Vorbereitung auf das Lesen**. **Vorlesen** bleibt weiterhin eine wichtige Komponente und soll das Interesse an Buchstaben, Wörtern und Texten fördern. Sie finden **vorrangig Aufgaben zur phonologischen Bewusstheit** (Reime, kurze und lange Wörter, Laute, Silben …). Weiters finden Sie **erste Übungen zur Buchstabe-Laut-Zuordnung,** auch das **Zusammenlauten** wird angebahnt. Alle Wörter werden in **Silben** (Sprechsilben) gegliedert. Helfen Sie dem Kind anfangs durch deutliches Sprechen der Silben.

Beachten Sie diese **besonderen Hinweise und Hilfen**:

- Sprechen Sie bei den Übungen übertrieben deutlich!
- Sprechen Sie in Silben wie ein **Ro-bo-ter!** Machen Sie nach jeder Silbe eine kurze Pause!
- Sprechen Sie Laute gedehnt! z. B.: Mmm-aaa-mmm-aaa
- Lauten Sie das Wort! z. B.: N-a-s-e, nicht en-a-es-e
- Lassen Sie das Kind bei den Leseübungen immer laut sprechen!

An **Materialien für die Spiele** benötigen Sie unter anderem:
Knetmasse, 3–5 cm breites Klebeband, alte Zeitungen, Schere, Klebstoff, A5/A4-Papier, Sand, ein tiefes Kuchenblech oder eine kleine Wanne, Glassteine (Nuggets), Kärtchen im A6-Format (blau, rot, grün), Bausteine, Luftballons …

Jedes Training erfordert **Geduld und Ausdauer**. **Loben und ermutigen** Sie das Kind!
Ich wünsche allen Kindern **viel Freude und Erfolg** beim Training!

Claudia Haider

Starte mit dem Spiel unten!

Was reimt sich?
Sprich und verbinde jeweils zwei passende Bilder!

Ich weiß, was sich reimt: Tia – Mia.

Spielanleitung:

Reimen: Sprechen Sie folgende Sätze vor und lassen Sie das Kind ergänzen.
„Auf der Wiese läuft der Hase, ich kann riechen mit der …
Im Garten bellt ein Hund, ich spreche mit dem …
Kinder spielen gern im Sand, die Schaufel halte ich in der …
Papa muss den Teppich saugen, sehen kann ich mit den …“

Starte mit dem Spiel unten!

Was siehst du auf den Bildern?
Sprich beide Wörter laut und deutlich aus!
Welches Wort ist länger? Kreise es ein!

Für lange Wörter benötige ich beim Sprechen mehr Zeit als für kurze Wörter.

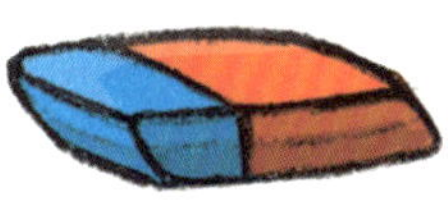

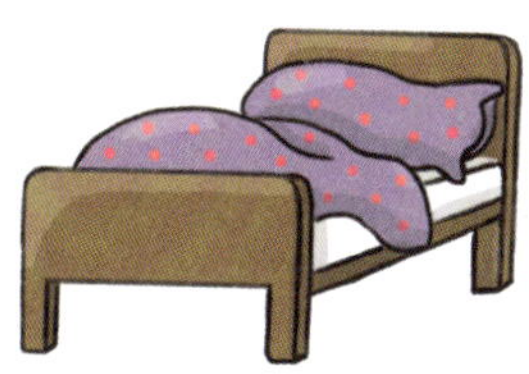

Spielanleitung:

Sprechen Sie jeweils zwei unterschiedlich lange Wörter mit kurzer Sprechpause deutlich vor.
„Buch, Schultasche – Kind, Zebrastreifen – Oma, Geburtstagstorte – Reh, Ameise – Schal, Winterschuhe.“
Das Kind soll die Wörter laut nachsprechen und sagen, welches Wort länger ist.

Starte mit dem Spiel unten!

Was siehst du auf den Bildern?
Sprich beide Wörter laut und deutlich aus!
Welches Wort ist länger? Kreise es ein!

Ich kenne ein langes Wort: Regenbogenfarben.

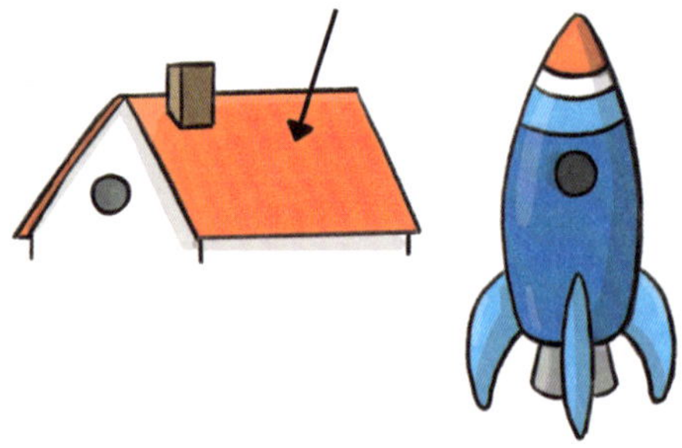

Spielanleitung:

Bereiten Sie drei färbige Kärtchen in Blau, Grün und Rot vor. Zeichnen Sie einen Mann auf das blaue (der), eine Frau auf das rote (die) und ein Kind auf das grüne Kärtchen (das). Sprechen Sie jedes Wort dieser Seite vor, z. B.: „Maus“. Das Kind hebt nun das rote Kärtchen hoch und spricht dabei das Namenwort mit dem Begleiter: „die Maus“.

Verbinde je zwei Tierkärtchen mit gleichen Tieren!
Auf einem Bild siehst du nur ein Tier, auf dem zweiten sind mehrere Tiere.
Sprich laut dazu: „Hier ist eine Katze, da sind drei Katzen."

Ich habe ein Schaf, 
aber Tia hat
zwei Schafe. 

Spielanleitung:

Beschreiben Sie einen Gegenstand mit zwei bis drei Eigenschaftswörtern „Ich sehe etwas, das ist grau, weich, viereckig." Das Kind fragt: „Ist es die …?" Es sagt das Wort in Einzahl und Mehrzahl: „Eine Decke – viele Decken." Wechsel! Spielen Sie mindestens drei Durchgänge.

Starte mit dem Spiel unten!

Tia und Teo lernen die Robotersprache.

Wie viele Silben hörst du? Sprich zuerst laut in **Robotersprache** und schwinge dazu! Ziehe die entsprechende Anzahl an Silbenbögen mit Farbe nach!

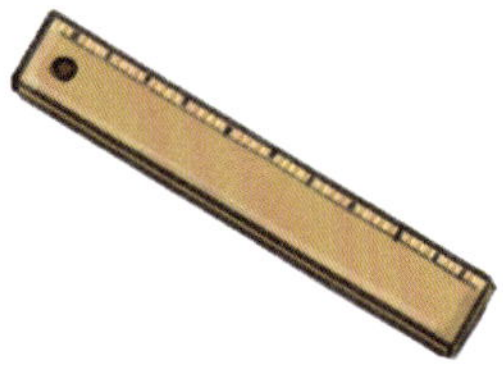

Spielanleitung:

Sprechen Sie verschiedene Namen (Familienmitglieder, Freunde …) in **Robotersprache**, also in Silben, z. B. **Lisa**, **Felix** ... „Weißt du, wen ich meine?“ Nachdem das Kind den (ganzen) Namen ausgesprochen hat, sprechen Sie gemeinsam den Namen noch einmal in Silben und schwingen dazu (Hinweise auf Seite 2).

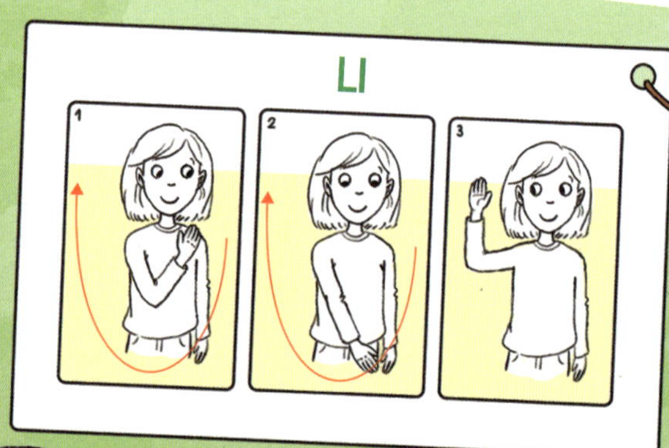

Starte mit dem Spiel unten!

Kreise die Buchstaben ein, die du bereits kennst und sprich laut dazu!

Ich kenne bereits alle Buchstaben meines Namens!

A L Q K

M E

B T

I C G

S Y P F

R D

O V U H

J

Z W N X

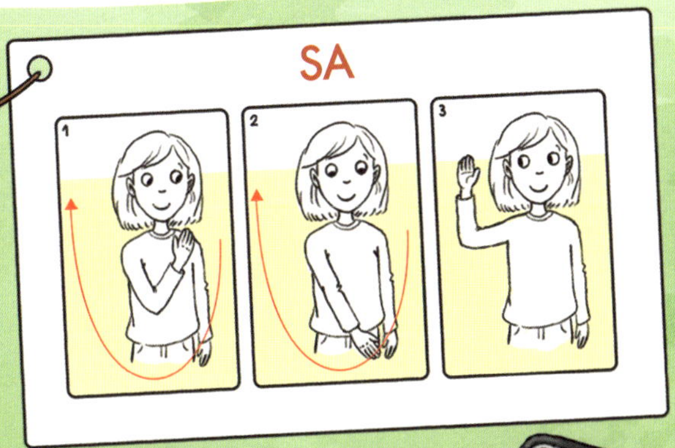

Spielanleitung:

Lassen Sie das Kind im Zimmer oder im Haus nach Namen, Schildern, Beschriftungen … suchen. „Kennst du einen oder mehrere Buchstaben dieses Wortes?“ Lassen Sie das Kind sprechen. Helfen Sie nur bei Bedarf.

Starte mit dem Spiel unten!

Sprich alle Wörter laut und bemale alle Bilder, die mit I beginnen!

Hörst du bei Igel ein I am Anfang?

Spielanleitung:

Kleben Sie am Boden den Buchstaben **I** mit einem Klebeband (ca. 1 m) auf. Geben Sie mit einem aufgezeichneten Pfeil die Schreibrichtung vor. Gehen Sie das **I** am besten mit Socken oder barfuß ab und sprechen dabei: „Iii“, bis Sie am Ziel sind. Nun soll das Kind dasselbe machen. Wiederholen Sie diese Übung mehrmals.

Starte mit dem Spiel unten!

Kreise alle **I** mit deiner Lieblingsfarbe ein und sprich laut dazu!

I, i, i – ich fahr so gerne Schi.

A I I A
E U
I O
I
E A E I
I O I I U

Spielanleitung:
Legen Sie alte Zeitungen, Papier, Schere und Klebstoff bereit. Das Kind soll fünf Wörter mit **I** ausschneiden und auf ein Blatt Papier kleben. Hängen Sie die Wörter gut sichtbar auf.

Was reimt sich? Sprich und verbinde jeweils zwei passende Bilder! In allen Wörtern hörst du ein **I**. Sag, ob du es am Anfang oder in der Mitte hörst!

Ich heiße Teo, mein Kater heißt Leo. Reimen finde ich toll!

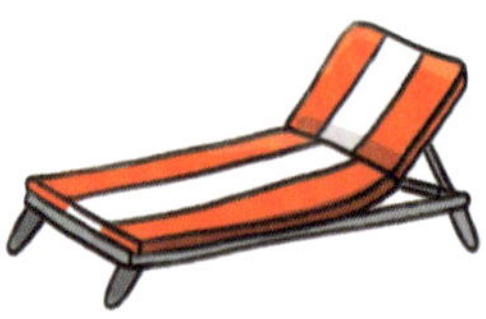

Spielanleitung:

„Was würdest du auf eine Insel mitnehmen?“ Das Kind beginnt zu sprechen: „Ich nehme eine Badehose mit.“ Wiederholen Sie den Satz und nennen Sie einen weiteren Gegenstand. „Ich nehme eine Badehose und ein Badetuch mit.“ Machen Sie abwechselnd so lange weiter, bis jemand etwas vergisst. Spielen Sie mehrere Durchgänge.

Starte mit dem Spiel unten!

Wie viele Silben hörst du? Sprich zuerst laut in Roboter-sprache und schwinge dazu!
Ziehe die entsprechende Anzahl an Silbenbögen mit Farbe nach!

Ich spreche alle Wörter wie ein Roboter.

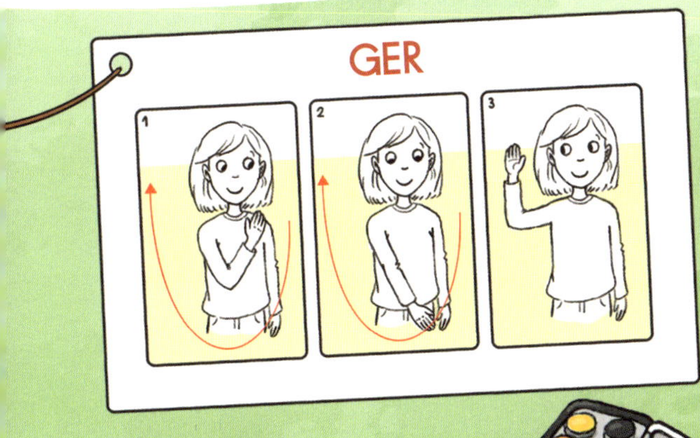

Spielanleitung:

Flüstern Sie aus unterschiedlichen Ecken des Raumes Namen von Freunden und Verwandten. Betonen Sie dabei die Silben. Das Kind soll mit geschlossenen Augen in der Mitte des Raumes sitzen, die Namen laut nach-sprechen und aufstehen, wenn es im Namen ein **I** hört. Vor dem Aufstehen die Augen öffnen.

Starte mit dem Spiel unten!

Kreise alle **A** mit deiner Lieblingsfarbe ein und sprich laut dazu!

A, a, a – ich bin schon wieder da!

A I A I
E U
A O O A
A E
A E A
I A U

Spielanleitung:

Bereiten Sie Knetmasse vor und lassen Sie das Kind den Buchstaben **A** in verschiedenen Farben und Größen formen. Das Kind soll alle **A** mit dem Finger in Schreibrichtung nachfahren und dabei laut dazu sprechen: „**Aaa**“.

Starte mit dem Spiel unten!

Sprich laut zu jedem Bild und dehne den Anfangslaut (Aaa…, Mmm…)!
Was beginnt mit **A** wie Affe? Bemale passende Bilder!

Spielanleitung:

Legen Sie alte Zeitungen, Papier, Schere und Klebstoff bereit. Das Kind soll fünf Wörter mit dem Buchstaben **A** ausschneiden und auf ein Blatt Papier kleben. Hängen Sie die Wörter gut sichtbar auf.

Verbinde die Bilder mit dem richtigen Anfangsbuchstaben!

Weißt du, wer laut „**IA**" schreit?

I

A

I

I

A

A

A

I

A

A

Spielanleitung:

Schreiben Sie dem Kind die Buchstaben **I** und **A** mit dem Zeigefinger auf den Rücken. Das Kind soll laut sagen, was Sie geschrieben haben. Wechsel! Spielen Sie mindestens fünf Durchgänge. Sollte das Kind bereits mehrere Buchstaben kennen, können Sie auch diese ins Spiel einbeziehen.

Starte mit dem Spiel unten!

Wo sitzt der Affe? Hör gut zu, zeige auf das passende Bild und bemale es! „Der Affe sitzt hinter dem Baum. Der Affe sitzt zwischen zwei Bäumen. Der Affe sitzt auf dem Baum. Der Affe sitzt neben dem Baum. Der Affe sitzt vor dem Baum.“

Ich klettere oft auf Bäume. Wo kletterst du gerne?

Spielanleitung:

Bereiten Sie 20 gleich große Bausteine vor und sprechen Sie dem Kind Sätze vor. Das Kind soll jeden Satz wiederholen und für jedes gesprochene Wort einen Baustein auflegen. Am Ende soll das Kind die Sätze vergleichen.
„Wo liegt der kürzeste Satz?
Aus wie vielen Wörtern besteht er?
Wo liegt der längste Satz? …“
Sätze: „Ich esse einen Apfel. An der Kreuzung steht eine Ampel. Der Fischer angelt im See. Ich male gern.“

Sprich alle Wörter laut! Male die Bilder an, bei denen du am Anfang **M** hörst!

Mmm, die Melone schmeckt gut!

Spielanleitung:

Bereiten Sie Karten eines Memoryspiels oder Quartettspiels vor und lassen Sie das Kind Bilder suchen, die mit **M** beginnen. Das Kind soll dabei jedes Wort laut sprechen.

Starte mit dem Spiel unten!

Kreise alle **M** mit deiner Lieblingsfarbe ein und sprich laut dazu!

Wie viele **M** findest du?

A M M O

M I M

E U

M I M E A

U M O M

Spielanleitung:

Bereiten Sie Knetmasse vor und lassen Sie das Kind den Buchstaben **M** in verschiedenen Farben und Größen formen. Das Kind soll alle **M** mit dem Finger in Schreibrichtung nachfahren und dabei laut dazu sprechen: „**Mmm**“. Sie können das Kind auch **I** und **A** formen lassen und in gleicher Weise trainieren.

Wie viele Silben hörst du? Sprich zuerst laut in **Robotersprache** und schwinge dazu! Verbinde nun die Bilder mit der entsprechenden Anzahl an Silbenbögen!

Wie viele Silben hat das Wort **Marienkäfer**?

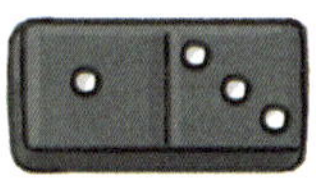

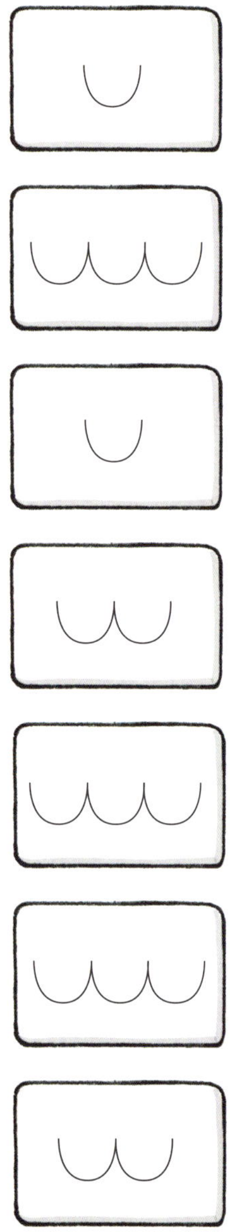

Spielanleitung:

Bereiten Sie drei Kärtchen mit 1, 2, und 3 Silbenbögen wie oben vor. Sprechen Sie folgende Wörter in **Robotersprache**, also in Silben, vor. Betonen Sie die einzelnen Silben: **Mais**, **Mantel**, **Messer**, **Domino**, **Moos**, **Maler**, **Mund**, **Ameise**. Das Kind spricht nach und hält das passende Kärtchen hoch.

Sag zuerst laut, was in den Bäuchen der Katzen und Mäusen steht! Jede Katze möchte die gegenüberliegende Maus fangen. Fahre zuerst die Wege mit dem Zeigefinger nach und sprich den Laut in der Katze so lange, bis sie die Maus gefangen hat, z. B.: „**Mmmi**". Anschließend ziehst du die Wege mit Farbe nach und sprichst wieder dazu.

Juhu, ich lese meine ersten Wörter!

Spielanleitung:

Schreiben Sie die drei Buchstaben **M**, **I**, **A** auf je ein A5-Papier. Legen Sie nun **M** und **I** im Abstand von ca. 2 m auf den Boden. Stellen Sie sich nun neben das **M** und sprechen „**Mmm**" so lange, bis Sie beim Buchstaben **I** angekommen sind: „**Mmmi**". Dabei gehen Sie mit ruhigen Schritten von links nach rechts (= Leserichtung). Das Kind macht nun dieselbe Übung. Anschließend wird statt dem **I** ein **A** aufgelegt und die Übung wie oben durchgeführt. Wiederholen Sie mit: MI, MA, IM, AM.

Starte mit dem Spiel unten!

Kreise alle **L** mit deiner Lieblingsfarbe ein und sprich dazu!

La, le, li, lo, lu – ich hör dir gerne zu.

L A E L

L L M

M I L I

L

L E L A

Spielanleitung:

Kleben Sie am Boden den Buchstaben **L** mit Klebestreifen (ca. 1 m hoch) auf. Geben Sie mit aufgezeichneten Pfeilen die Schreibrichtung vor. Gehen Sie das **L** am besten mit Socken oder barfuß ab und sprechen dabei: „**Lll**“, bis Sie am Ziel sind. Nun soll das Kind dasselbe machen. Wiederholen Sie diese Übung mehrmals.

Starte mit dem Spiel unten!

Verbinde die Bilder mit dem richtigen Anfangsbuchstaben!

Sprich den Anfangslaut lang, wenn du dir nicht sicher bist.

Llleiter, Mmmaus

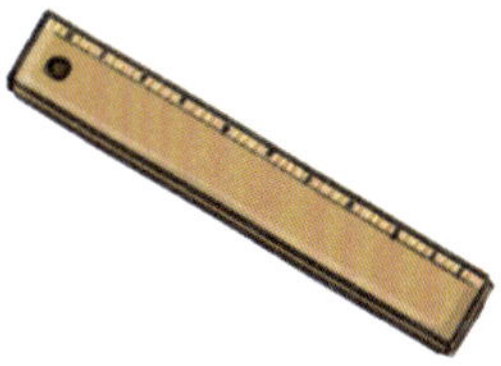

M

L

M

L

L

M

L

L

M

L

Spielanleitung:

Bereiten Sie ein tiefes Blech mit Sand vor. Sprechen Sie dem Kind **I**, **A**, **M**, **L** vor. Das Kind spricht nach und schreibt anschließend mit dem Zeigefinger in den Sand. Das Kind soll auch während des Schreibvorganges begleitend mitsprechen (gedehnt „**Ll**“). Durch leichtes Bewegen des Bleches wird wieder gelöscht.

Starte mit dem Spiel unten!

Wie viele Silben hörst du? Sprich zuerst laut in **Robotersprache** und schwinge dazu!
Ziehe die entsprechende Anzahl an Silbenbögen mit Farbe nach!

Ich spreche wie ein Roboter.

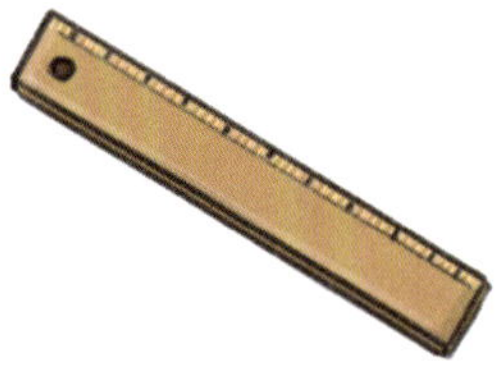

Spielanleitung:

Bereiten Sie einen Luftballon vor. Sprechen Sie dem Kind Wörter vor. „Löwe, Mund, Sofa, Lineal, Baum, Lupe, Leiter, Hose, Laterne, Luftballon, Tomate, Lama, Löffel.“ Beginnt das Wort mit **L**, wirft das Kind den Luftballon hoch und fängt ihn wieder.

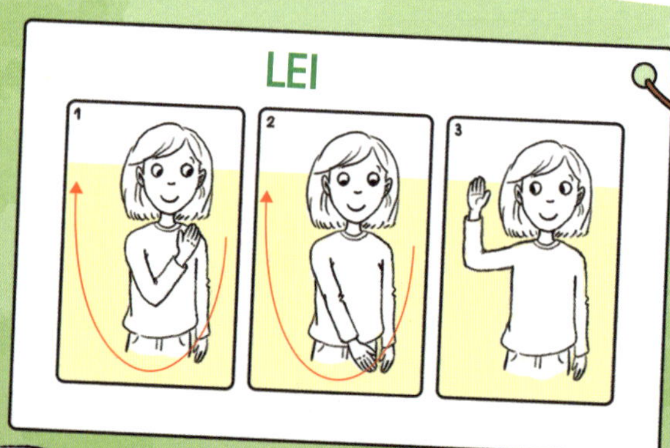

Starte mit dem Spiel unten!

Stelle einen Spielkegel auf den linken Buchstaben und fahre über die Brücke nach rechts! Sprich **L** oder **M** so lange, bis du am Ziel angelangt bist! Fahre die Wege erst mit dem Kegel und sprich den Laut so lange, bis du das Ziel erreicht hast, z. B. „Llli". Anschließend ziehst du die Wege mit Farbe nach und sprichst wieder dazu!

Das Lesen macht mir Freude!

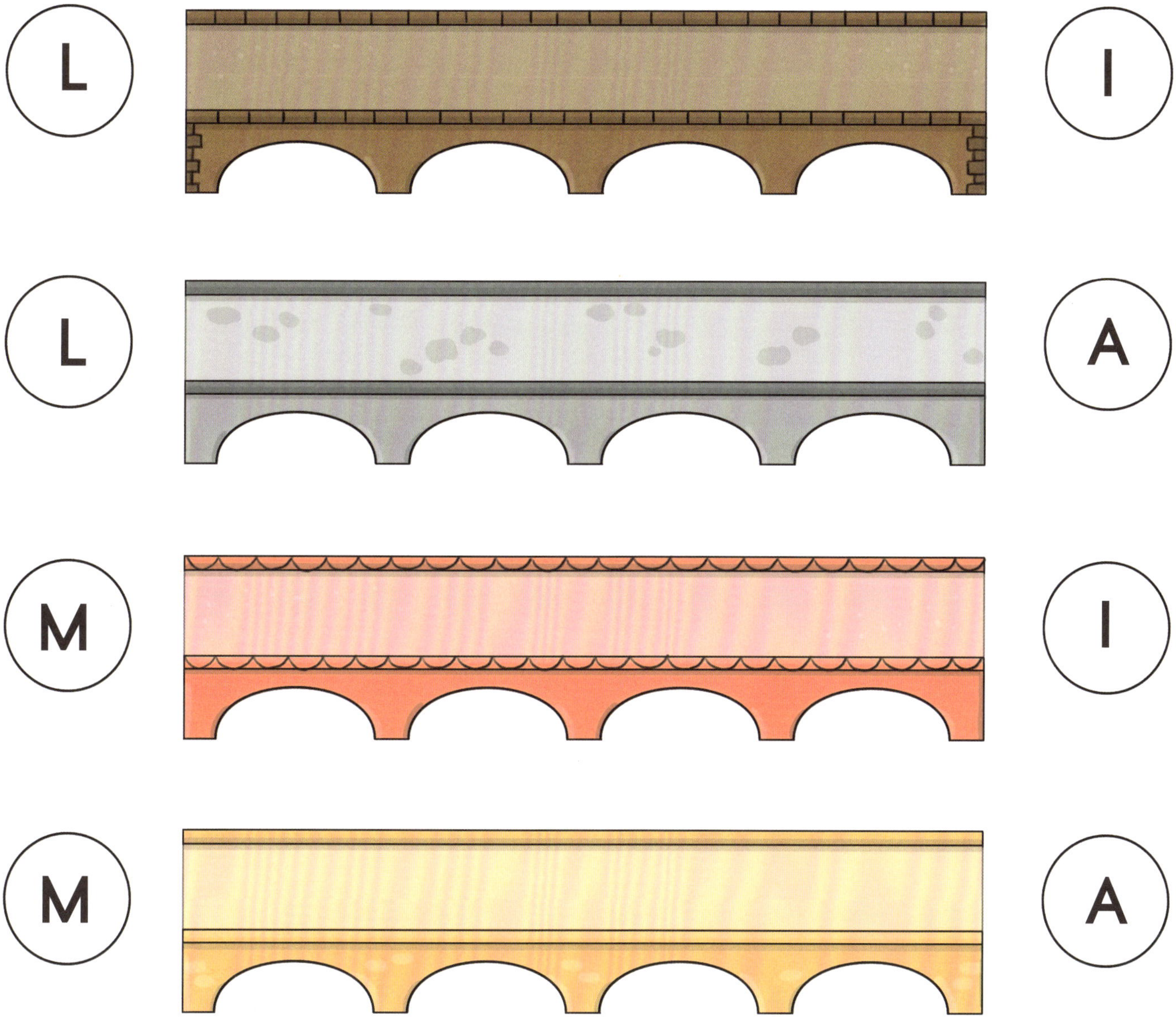

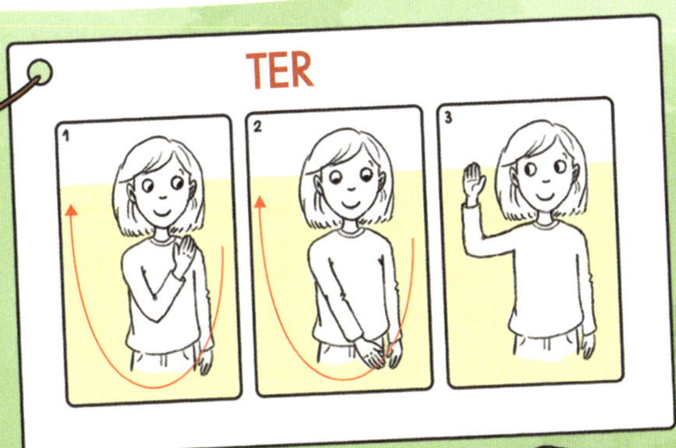

Spielanleitung:

Bereiten Sie 20 gleich große Bausteine vor und sprechen Sie dem Kind „tierische" Sätze vor. Das Kind soll jeden Satz wiederholen und für jedes gesprochene Wort einen Baustein auflegen. Am Ende soll das Kind die Sätze vergleichen. „Wo liegt der kürzeste Satz? Aus wie vielen Wörtern besteht er? Wo liegt der längste Satz? …" Sätze: „Der Löwe brüllt laut. Das Lama spuckt. Der Elefant hat einen langen Rüssel. Der Esel frisst gern Heu."

Starte mit dem Spiel unten!

Kreise alle **E** mit deiner Lieblingsfarbe ein und sprich dazu!

E, **e**, **e** – die Ente schwimmt im See.

A E M E

E L

I E E I E

A

E M L E

Spielanleitung:

Bereiten Sie Knetmasse vor und lassen Sie das Kind den Buchstaben **E** formen. Danach soll es das **E** abtasten und sprechen: „**Eee**“. Anschließend soll das Kind den Buchstaben **E** in verschiedenen Farben und Größen formen. Es soll alle **E** mit dem Finger in Schreibrichtung nachfahren und dabei laut dazu sprechen: „**Eee**“.

Starte mit dem Spiel unten!

Sprich alle Wörter laut! Bemale die Bilder, bei denen du am Anfang ein **E** hörst!

Der Emu ist ein australischer Laufvogel.

Spielanleitung:

Legen Sie alte Zeitungen, Papier, Schere und Klebstoff bereit. Das Kind soll fünf Wörter mit dem Buchstaben **E** ausschneiden und auf ein Blatt Papier kleben. Hängen Sie die Wörter gut sichtbar auf.

Wie viele Silben hörst du? Sprich zuerst laut in **Robotersprache** und schwinge dazu! Verbinde nun die Bilder mit der entsprechenden Anzahl an Silbenbögen!

Wie viele Silben gibt es im Wort **Entenfeder**?

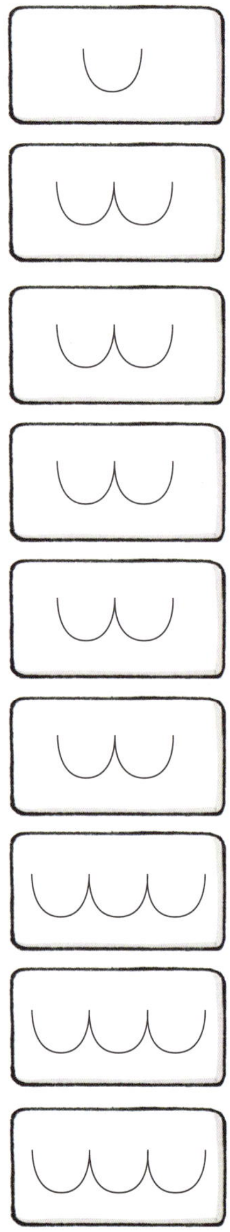

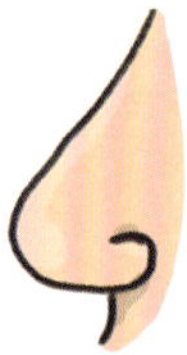

Spielanleitung:

Schreiben Sie dem Kind den Buchstaben **E**, **L**, **M**, **I** oder **A** mit dem Zeigefinger auf den Rücken. Das Kind soll laut sagen, was Sie geschrieben haben. Wechsel! Spielen Sie mindestens fünf Durchgänge.

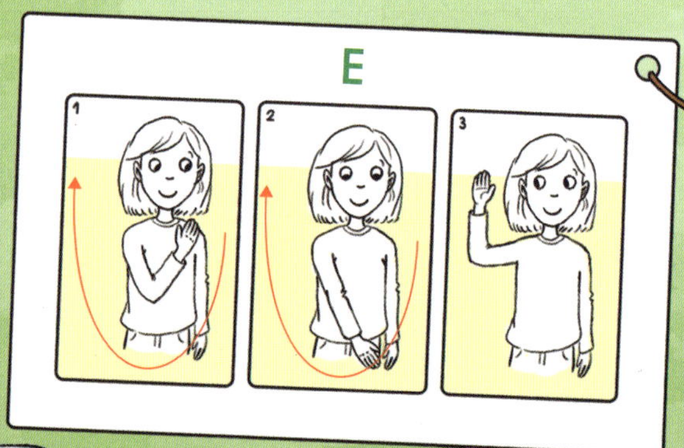

Suche Entenpaare! Ich zeige auf eine Ente und lese vor. Sprich mir nach und ziehe dabei den Silbenbogen nach! Suche die passende Ente mit der gleichen Silbe, lies und ziehe den Silbenbogen nach! Bemale beide Enten mit derselben Farbe!

Enten sind nicht gerne alleine.

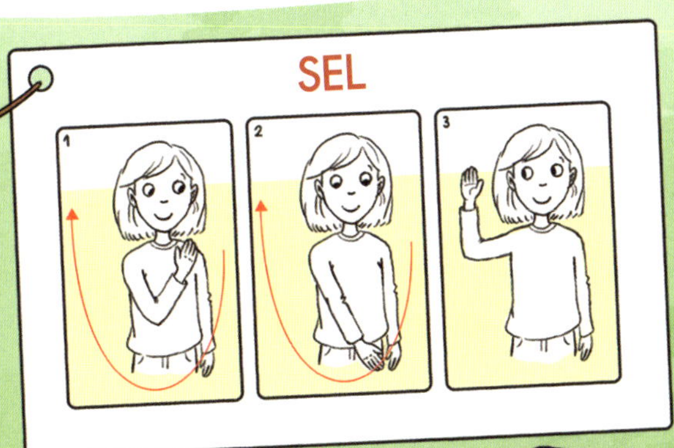

Spielanleitung:

Schreiben Sie die fünf Buchstaben **M**, **I**, **A**, **L**, **E** auf je ein A5-Papier. Legen Sie nun jeweils zwei Kärtchen (ein Mitlautkärtchen und ein Selbstlautkärtchen) im Abstand von ca. 2 m auf den Boden auf. Stellen Sie sich nun neben das Mitlautkärtchen und sprechen den Mitlaut so lange, bis Sie beim Selbstlautkärtchen angekommen sind, z. B.: „**Mmma**". Dabei gehen Sie mit ruhigen Schritten von links nach rechts. Nun macht das Kind dieselbe Übung. Anschließend geben Sie den ersten Selbstlaut weg und ersetzen ihn durch einen anderen. Wiederholen Sie die Übung mit: MA, ME, MI, LA, LE, LI.

Kreise alle **O** mit deiner Lieblingsfarbe ein und sprich dazu!

O, o, o – wir gehen in den Zoo.

A O M O

O L I O

E O

O O E O

O M O L

Spielanleitung:

Bereiten Sie ein tiefes Blech mit Sand vor. Sprechen Sie: „**Ooo**" und schreiben Sie den Buchstaben in den Sand.
Anschließend spricht das Kind: „**Ooo**" und schreibt den Buchstaben ebenfalls in den Sand. Es soll auch während des Schreibens begleitend mitsprechen (gedehnt „**Ooo**"). Sagen Sie dem Kind auch **I**, **M**, **A**, **E**, **L** an.

Starte mit dem Spiel unten!

Sieh dir je zwei Bilder nebeneinander an und sag, was du siehst! Welches Wort ist kürzer? Sprich beide Wörter noch einmal deutlich aus und streiche das längere Wort durch!

Welches Wort ist länger? Olive oder Olivenbaum?

Spielanleitung:

Legen Sie alte Zeitungen, Papier, Schere und Klebstoff bereit. Das Kind soll fünf Wörter mit dem Buchstaben **O** ausschneiden und auf ein Blatt Papier kleben. Hängen Sie die Wörter gut sichtbar auf.

Starte mit dem Spiel unten!

Was reimt sich? Sprich und verbinde jeweils zwei passende Bilder!

Welches Obst isst du am liebsten?

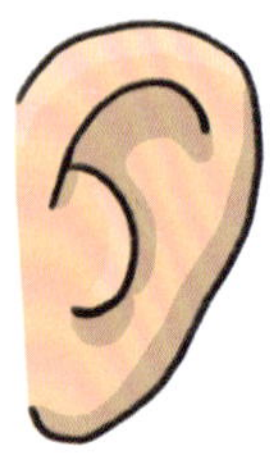

Spielanleitung:

Fragen Sie das Kind, was es in einen Obstsalat geben würde. Das Kind beginnt zu sprechen: „Ich gebe einen Apfel in den Obstsalat.“ Sie wiederholen und geben ein weiteres Stück Obst dazu. „Ich gebe einen Apfel und eine Birne in den Obstsalat.“ Sie machen so lange weiter, bis die Reihenfolge nicht mehr stimmt. Spielen Sie drei Durchgänge.

Starte mit dem Spiel unten!

Verbinde die Bilder mit dem richtigen Anfangsbuchstaben!

Ich spreche den ersten Laut besonders deutlich.

O

E

A

I

E

A

O

E

O

O

Spielanleitung:

Bereiten Sie drei färbige Kärtchen in Blau, Grün und Rot vor. Zeichnen Sie einen Mann auf das blaue (der), eine Frau auf das rote (die) und ein Kind auf das grüne Kärtchen (das). Sprechen Sie jedes Wort dieser Seite vor, z. B.: „Igel“. Das Kind hebt das blaue Kärtchen hoch und spricht dabei das Namenwort mit dem Begleiter: „der Igel“.

Starte mit dem Spiel unten!

Kreise alle **S** mit deiner Lieblingsfarbe ein und sprich dazu!

Sss – so zischt die Schlange.

A S E S

s I

M S s

O

s L s S

Spielanleitung:

Bereiten Sie Knetmasse vor und lassen Sie das Kind den Buchstaben **S** formen. Das Kind soll den Buchstaben **S** in verschiedenen Farben und Größen gestalten. Das Kind soll alle **S** mit dem Finger in Schreibrichtung nachfahren und dabei laut dazu sprechen: „**Sss**“. Das Kind kann auch weitere bekannte Buchstaben formen und in gleicher Weise trainieren.

Starte mit dem Spiel unten!

Sprich alle Wörter laut! Bemale die Bilder, bei denen du am Anfang ein **S** hörst!

Wie viele **S** hörst du im Wort „Susi"?

Spielanleitung:

Schreiben Sie dem Kind einen bereits erlernten Buchstaben oder ein **S** mit dem Zeigefinger auf den Rücken.
Das Kind soll laut sagen, was Sie geschrieben haben.
Wechsel! Spielen Sie mindestens fünf Durchgänge.

Starte mit dem Spiel unten!

Wie viele Silben hörst du? Sprich zuerst laut in **Robotersprache** und schwinge dazu!
Verbinde nun die Bilder mit der entsprechenden Anzahl an Silbenbögen!

Welches Wort hat mehr Silben: **Sonnenaufgang** oder **Sonnenuntergang**?

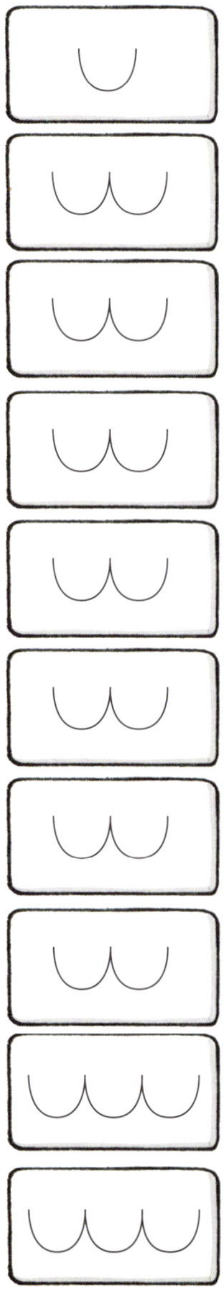

Spielanleitung:

Legen Sie alte Zeitungen, Papier, Schere und Klebstoff bereit. Das Kind soll fünf Wörter mit dem Buchstaben **S** ausschneiden und auf ein Blatt Papier kleben. Hängen Sie die Wörter gut sichtbar auf.

Starte mit dem Spiel unten!

Sprich zuerst laut, was auf den Segelbooten und Seehunden steht! Jedes Segelboot möchte einen Seehund besuchen. Fahre zuerst die Wege mit dem Zeigefinger nach und sprich **S** so lange, bis du beim Seehund angekommen bist, z. B.: „**Ssse**"! Anschließend ziehst du die Wege mit Farbe nach und sprichst wieder dazu!

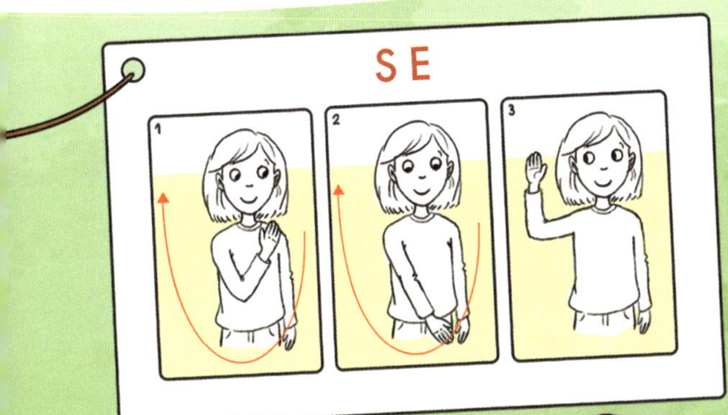

Spielanleitung:

Schreiben Sie die fünf Buchstaben **S**, **A**, **I**, **O**, **E** auf je ein A5-Papier. Legen Sie nun jeweils zwei Kärtchen (ein Mitlautkärtchen und ein Selbstlautkärtchen) im Abstand von ca. 2 m auf den Boden auf. Stellen Sie sich nun neben das Mitlautkärtchen und sprechen den Mitlaut so lange, bis Sie beim Selbstlautkärtchen angekommen sind, z. B.: „**Sssa**". Dabei gehen Sie mit ruhigen Schritten von links nach rechts. Nun macht das Kind dieselbe Übung. Tauschen Sie anschließend den ersten Selbstlaut mit einem anderen aus. Wiederholen Sie die Übung mit: SA, SI, SO, SE.

Kreise alle **U** mit deiner Lieblingsfarbe ein und sprich dazu!

U, **u**, **u** – wie macht die Kuh?

E U s U

u U L A

O U

M

I

U U U

Spielanleitung:

Kleben Sie am Boden den Buchstaben **U** mit Klebestreifen auf (ca. 1 m hoch). Geben Sie mit aufgezeichneten Pfeilen die Schreibrichtung vor. Gehen Sie das **U** am besten mit Socken oder barfuß ab und sprechen dabei: „**Uuu**", bis Sie am Ziel sind. Nun soll das Kind dasselbe machen. Wiederholen Sie diese Übung mehrmals.

Starte mit dem Spiel unten!

Suche Ufopaare! Ich zeige auf ein Ufo und lese vor. Sag es nach und ziehe dabei den Silbenbogen nach! Suche das passende Ufo mit der gleichen Silbe, lies und ziehe den Silbenbogen nach! Bemale beide Ufos mit derselben Farbe!

Das Lesen macht mir Spaß! Geht es dir auch so?

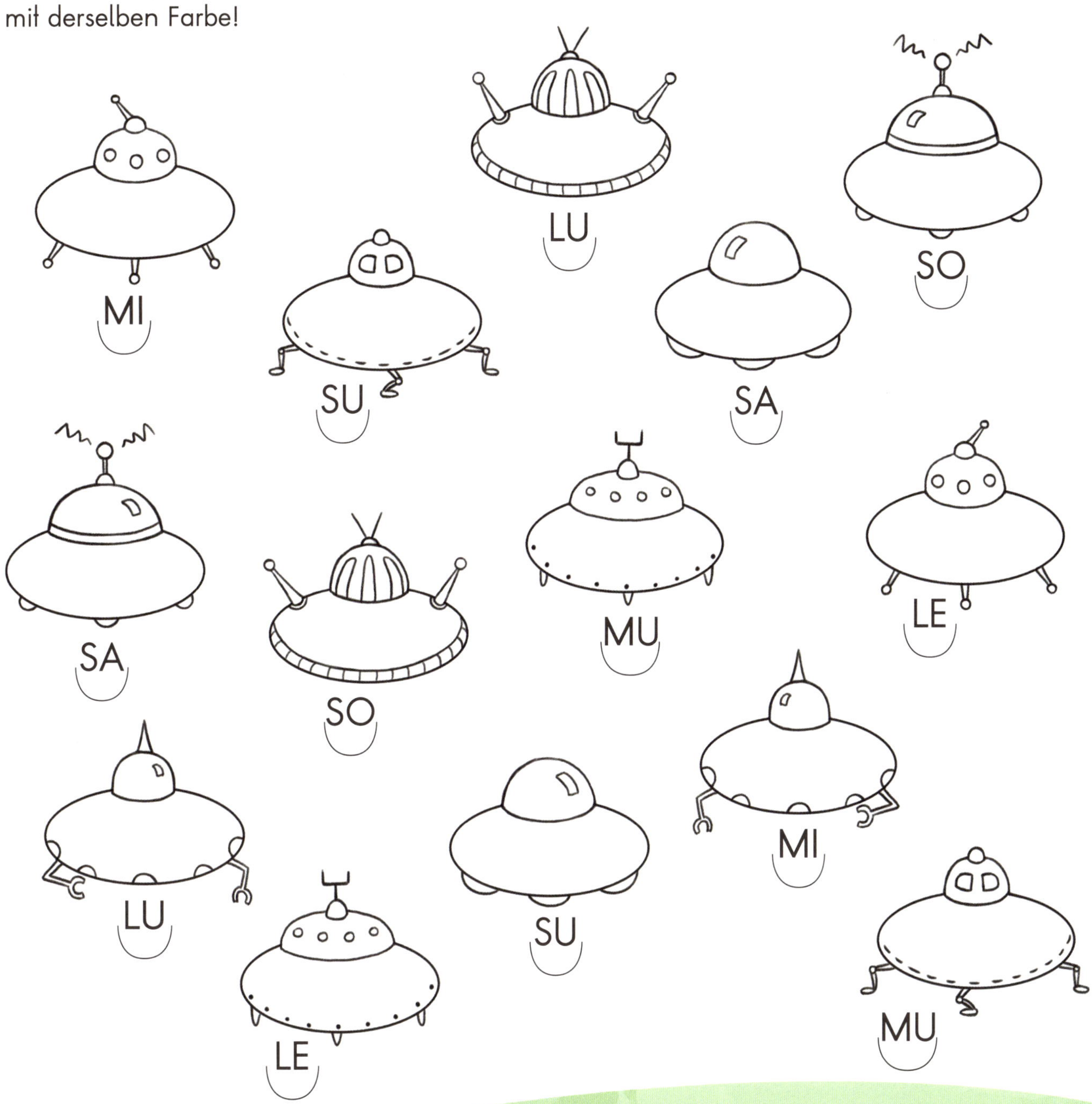

Spielanleitung:

Schreiben Sie dem Kind mit dem Zeigefinger **L, S, M, A, E, I, O** oder **U** auf den Rücken. Das Kind soll laut sagen, was Sie geschrieben haben. Wechsel! Spielen Sie mindestens fünf Durchgänge.

Sprich alle Wörter laut! Verbinde die Bilder mit dem richtigen Anfangsbuchstaben!

Bei Uhu hörst du am Anfang und am Ende ein **U**.

E

U

U

U

I

U

U

U

A

O

Spielanleitung:

Bereiten Sie ein tiefes Blech mit Sand vor. Sprechen Sie: „**Uuu**" und schreiben Sie den Buchstaben **U** in den Sand. Anschließend spricht das Kind: „**Uuu**" und schreibt ebenfalls den Buchstaben **U** in den Sand. Es soll auch während des Schreibens begleitend mitsprechen (gedehnt „**Uuu**"). Sagen Sie dem Kind auch andere bereits bekannte Laute an!

Was reimt sich? Sprich alle Wörter zu den Bildern laut und verbinde die Reimwörter!

Der Fisch hat viele Schuppen, doch er isst keine Suppen.

Spielanleitung:

Sprechen Sie dem Kind Wörter in einzelnen Lauten vor. Das Kind soll hören, welches Wort Sie meinen. z. B.: M-A-M-A = MAMA
Wörter: L-I-S-A, E-S-E-L, N-A-S-E, O-M-A, S-U-S-I, L-A-M-A.
Das Kind soll das Wort laut aussprechen.

Starte mit dem Spiel unten!

Jedes Kind auf der linken Seite fängt ein Kind auf der rechten Seite. Ziehe die Wege zuerst mit dem Finger nach und sprich jeden Laut so lange, bis du rechts angekommen bist, z. B.: „**Aaaa**“. Ziehe jeden Weg mit einer anderen Farbe nach und sprich wieder dazu!

Ich kenne jetzt **A, E, I, O, U.**

Spielanleitung:

Schreiben Sie die fünf Buchstaben **A, I, O, E, U** auf je ein A5-Papier. Legen Sie die Kärtchen aufeinander verdeckt auf den Tisch. Das Kind schlägt ein Kärtchen auf, spricht den Laut, z. B.: „**A**“, und sucht einen Namen, der mit **A** beginnt (Anna, Anton …). Wechsel!

Starte mit dem Spiel unten!

Kreise alle **N** mit deiner Lieblingsfarbe ein und sprich dazu!

Nina nascht neun Nüsse.
Wie viele **N** hörst du?

M S N U

N A N

E N L

N

N O

I N N

Spielanleitung:

Bereiten Sie Knetmasse vor und lassen Sie das Kind den Buchstaben **N** formen. Anschließend soll das Kind den Buchstaben **N** in verschiedenen Farben und Größen gestalten. Das Kind soll alle **N** mit dem Finger in Schreibrichtung nachfahren und dabei laut dazu sprechen: „**Nnn**“. Das Kind kann auch weitere bekannte Buchstaben formen und in gleicher Weise trainieren.

Sprich alle Wörter laut! Bemale die Bilder, bei denen du am Anfang ein **N** hörst!

Der Nasenbär hat eine lange Nase.

Spielanleitung:

Kleben Sie am Boden ein **N** mit Klebeband auf (ca. 1 m hoch). Geben Sie mit aufgezeichneten Pfeilen die Schreibrichtung vor. Gehen Sie das **N** am besten mit Socken oder barfuß ab und sprechen dabei: „**Nnn**“, bis Sie am Ziel sind. Nun soll das Kind dasselbe machen. Wiederholen Sie diese Übung mehrmals.

Starte mit dem Spiel unten!

Lies die Buchstaben und benenne die Tiere! Verbinde jeden Anfangsbuchstaben mit dem passenden Bild!

Ich spreche den Anfangslaut länger.

S

N

M

O

L

U

E

A

I

Spielanleitung:

Schreiben Sie die sechs Buchstaben **N**, **A**, **I**, **O**, **E**, **U** auf je ein A5-Papier. Legen Sie nun **N** und **A** im Abstand von ca. 2 m auf den Boden. Stellen Sie sich nun neben das **N** und sprechen Sie: „**Nnn**" so lange, bis Sie beim Buchstaben **A** angekommen sind: „**Nnna**". Dabei gehen Sie mit ruhigen Schritten von links nach rechts (= Leserichtung). Das Kind macht nun dieselbe Übung. Anschließend wird statt dem **A** ein **I** aufgelegt und die Übung wie oben durchgeführt. Wiederholen Sie mit: NA, NI, NO, NE, NU.

Starte mit dem Spiel unten!

Wie viele Silben hörst du? Sprich zuerst laut in **Robotersprache** und schwinge dazu! Ziehe nun die entsprechende Anzahl an Silbenbögen mit Farbe nach!

Ich bin schon ein richtiger Silbenprofi, du auch?

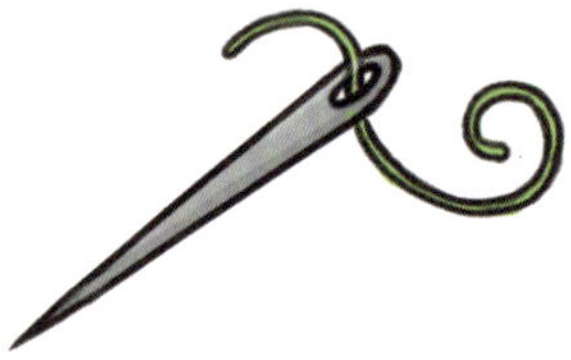

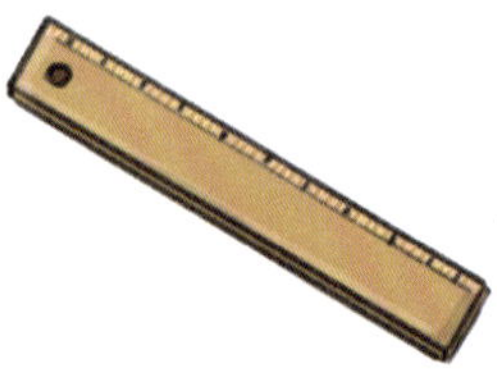

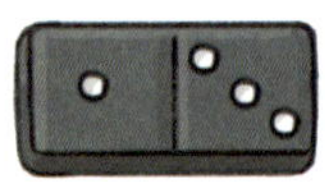

Spielanleitung:

Legen Sie alte Zeitungen, Papier, Schere und Klebstoff bereit. Das Kind soll fünf Wörter mit dem Buchstaben **N** ausschneiden und auf ein Blatt Papier kleben. Hängen Sie die Wörter gut sichtbar auf.

Starte mit dem Spiel unten!

Bravo, du hast sehr viel gelernt!
Kreise nun die Buchstaben ein,
die du jetzt kennst und sprich laut dazu!

Das macht Spaß! Auf dieser Buchstabenschlange kreise ich mit verschiedenen Farben ein.

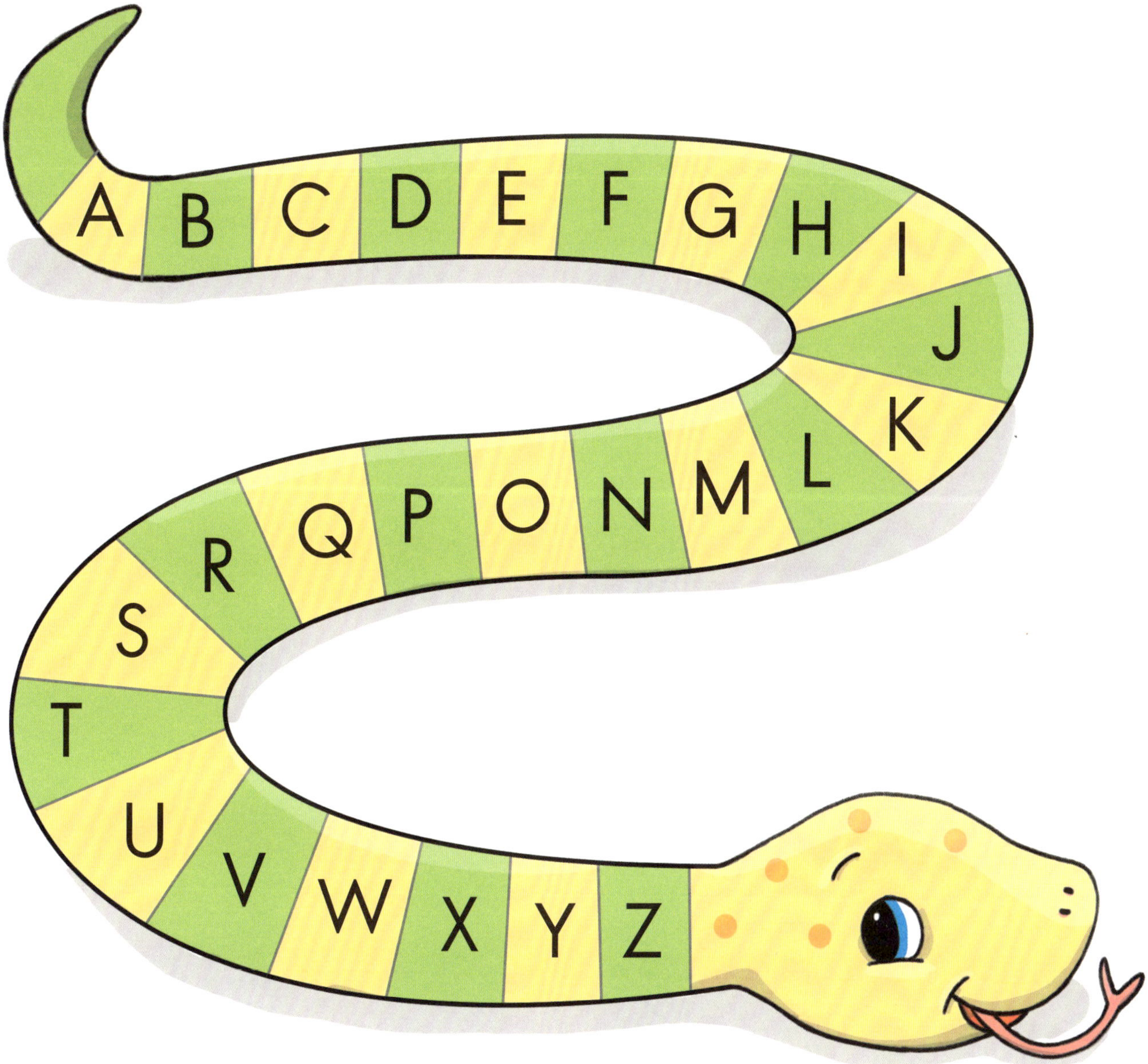

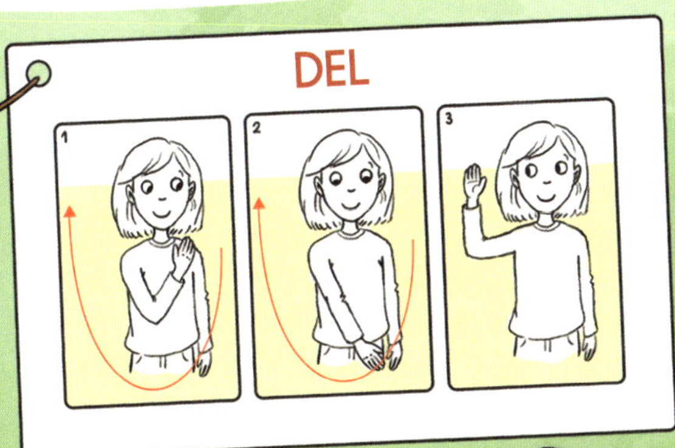

Spielanleitung:
Schreiben Sie dem Kind einen bekannten Buchstaben mit dem Zeigefinger auf den Rücken. Das Kind soll laut sagen, was Sie geschrieben haben. Wechsel! Spielen Sie mindestens fünf Durchgänge.

Lösungen

Seite 4: Fisch – Tisch, Hose – Rose, Nase – Hase, Maus – Haus, Pudel – Nudel

Seite 5: Bildpaare mit **Lösung (fett)**: Mond + **Fledermaus**, Stern + **Badewanne**, **Schokolade** + Brot, **Elefant** + Hund, Heft + **Radiergummi**, **Seifenblasen** + Bett

Seite 6: Bildpaare mit **Lösung (fett)**: **Regenschirm** + Maus, **Segelboot** + Sieb, Wal + **Badewanne**, Dach + **Rakete**, **Feuerwehrauto** + Fisch, Schaf + **Regenbogen**

Seite 7: eine Katze – drei Katzen, ein Hund – drei Hunde, ein Hase – fünf Hasen, eine Schildkröte – vier Schildkröten, ein Fisch – vier Fische, ein Pferd – zwei Pferde

Seite 8: 2 Silben: Lam**pe**, Ka**mel**, Rol**ler**, Sa**lat**, Lö**we**, Lei**ter**; 3 Silben: **Li**ne**al**, La**ter**ne, **Luft**bal**lon**

Seite 10: Bilder mit **Lösung (fett)**: **Igel**, Sonne, Wolke, **Iglu**, **Indianer**, Salat, Puppe, **Insel**, Esel

Seite 12: Insel – Pinsel, Igel – Spiegel, Tiger – Sieger, Liege – Ziege, Fisch – Tisch

Seite 13: 1 Silbe: Fisch, Tisch; 2 Silben: Ti**ger**, I**gel**, In**sel**, Di**no**; 3 Silben: **Li**ne**al**, **Kro**ko**dil**, **Li**bel**le**

Seite 15: Bilder mit **Lösung (fett)**: Sonne, **Apfel**, **Ameise**, **Ampel**, Maus, **Affe**, **Angel**, Leiter, Igel, **Ananas**

Seite 16: A: Apfel, Ananas, Affe, Ampel, Ameise, Angel; I: Igel, Insel, Iglu, Indianer

Seite 18: Bilder mit **Lösung (fett)**: **Maus**, Apfel, **Muschel**, Igel, **Mond**, **Messer**, Ananas, **Melone**, Ampel, **Maulwurf**, **Mund**

Seite 20: 1 Silbe: Mond, Maus; 2 Silben: **Mu**schel, **Bl**ume; 3 Silben: To**ma**te, **Do**mi**no**, Me**lo**ne

Seite 23: L: Leiter, Lupe, Libelle, Löwe, Laterne, Lineal; M: Maus, Muschel, Mond, Melone

Seite 24: 1 Silbe: Loch; 2 Silben: Lö**we**, La**ma**, Lei**ter**, Lu**pe**; 3 Silben: La**ter**ne, Li**bel**le, Li**ne**al

Seite 27: Bilder mit **Lösung (fett)**: **Esel**, Salat, **Ente**, **Elefant**, Nase, **Ecke**, **Emu**, Maus

Seite 28: 1 Silbe: Reh; 2 Silben: E**sel**, Fe**der**, Na**se**, Ho**se**, En**te**; 3 Silben: E**le**fant, Re**gen**schirm, Me**lo**ne

Seite 31: Topf + ~~**Krokodil**~~, ~~**Schokolade**~~ + Ohr, ~~**Lokomotive**~~ + Ofen, Rock + ~~**Melone**~~, ~~**Tomate**~~ + Mond

Seite 32: Topf – Zopf, Ohr – Tor, Rose – Hose, Sonne – Tonne, Brot – Boot

Seite 33: A: Ameise, Affe; O: Ofen, Oma, Obst, Opa; I: Igel; E: Esel, Elefant, Ente

Seite 35: Bilder mit **Lösung (fett)**: **Sonne**, Wolke, **Salat**, **Sattel**, Fisch, Puppe, **Sofa**, **Suppe**, **Socke**, **See**

Seite 36: 1 Silbe: See; 2 Silben: E**sel**, Sat**tel**, Son**ne**, Ha**se**, Sa**lat**, Sup**pe**, Sand**burg**; 3 Silben: Se**gel**boot, Salami

Seite 40: U: Ufo, Unterhose, Unfall, U-Boot, Uhu, Untertasse; E: Esel; I: Igel; O: Ofen; A: Affe

Seite 41: Nuss – Bus, Puppe – Suppe, Nudel – Pudel, Kuh – Schuh, Tuch – Buch

Seite 44: Bilder mit **Lösung (fett)**: **Nase**, Salat, **Nuss**, **Nilpferd**, **Nashorn**, Maus, **Nagel**, **Nadel**, Oma, **Nest**, **Nudel**

Seite 45: N: Nashorn; L: Löwe; S: Seestern; O: Otter; E: Elefant; U: Uhu; M: Maulwurf; I: Igel; A: Ameise

Seite 46: 1 Silbe: Nest; 2 Silben: Na**del**, Nu**del**, Na**gel**, Na**se**, Kro**ne**; 3 Silben: Banane, Domino, Lineal)

www.ggverlag.at

ISBN 978-3-7074-2177-4

Schulbuchnummer 195.664

In der aktuell gültigen Rechtschreibung

2. Auflage 2022

Illustrationen: Elke Broska

Printed by Brüder Glöckler, Wöllersdorf